MÉMORANDUM

AU SUJET

DE LA SOCIÉTÉ FINANCIÈRE ET INDUSTRIELLE

DES

MOULINS DE MONS-DJÉMILA

EN ALGÉRIE

AU CAPITAL DE UN MILLION

PAR

M. J. HENRY DUNANT

Président de cette Société.

EXPOSÉ DES DÉMARCHES

Qui ont été faites de 1853 à 1859, et sans interruption, pour obtenir plus de SEPT HECTARES *de terrain en Algérie.*

PARIS

IMPRIMERIE ET LITHOGRAPHIE RENOU ET MAULDE

RUE DE RIVOLI, 144.

MÉMORANDUM

MÉMORANDUM

AU SUJET

DE LA SOCIÉTÉ FINANCIÈRE ET INDUSTRIELLE

DES

MOULINS DE MONS-DJÉMILA

EN ALGÉRIE

AU CAPITAL DE UN MILLION

PAR

M. J. HENRY DUNANT

Président de cette Société.

EXPOSÉ DES DÉMARCHES

*Qui ont été faites de 1853 à 1859, et sans interruption, pour obtenir
plus de* SEPT HECTARES *de terrain en Algérie.*

PARIS

IMPRIMERIE ET LITHOGRAPHIE RENOU ET MAULDE
RUE DE RIVOLI, 144.

MÉMORANDUM

DE LA

SOCIÉTÉ DE MONS-DJÉMILA

PAR

J. HENRY DUNANT

En 1853, me trouvant en Algérie à la suite d'un voyage d'instruction et d'agrément dans le nord de l'Afrique, je sollicitai du Gouvernement la concession d'une chute d'eau et de cinquante hectares de terrain, à Aïn-Roua, sur la route de Bougie, province de Constantine. Son Excellence Monsieur le Maréchal de Saint-Arnaud, Ministre de la guerre, accueillit favorablement ma demande ; mais des difficultés ayant été suscitées en Algérie au sujet de cette localité, je me rendis de nouveau dans ce pays, où l'on m'engagea à renoncer à la chute d'eau d'Aïn-Roua, et à porter mes vues sur un autre point de la province.

Après plusieurs mois de démarches et de sollicitations, j'obtins enfin, en août 1854, de Monsieur le Général commandant la division de Constantine, et sur le préavis favorable, à l'unanimité, de la Commission consultative, une concession de sept hectares soixante et dix ares, à Mons, sur l'Oued-Safsaf, soit Oued-Déhèb, à dix-sept kilomètres des ruines de la ville de Djémila, dans la province de Constantine et à l'entrée de l'azel Oued-Déhèb, pour l'établissement d'une usine à blé, à quatre paires de meules.

Cette usine fut aussitôt mise en construction et entièrement achevée en 1855, conformément aux prescriptions du Génie et avec son entière approbation , car *ladite usine ne le cède en rien aux plus beaux moulins de la province*, et son effet est aussi grand qu'on peut l'attendre des machines de cette nature les mieux confectionnées.

N'ayant reçu que *sept hectares soixante et dix ares* de terrain, et désirant créer autour de mon usine et dans cette vallée Oued-Déhèb, qui est éloignée de tout centre de population, et où aucun Européen n'est encore établi, une exploitation importante, industrielle, commerciale et agricole, j'adressai, le 4 septembre 1854, à Son Excellence Monsieur le Maréchal VAILLANT, Ministre de la guerre, à Paris, une demande en concession, avec plan à l'appui, de *cinq cents hectares* de terres domaniales, prises dans la vallée Oued-Déhèb, à proximité de mon usine.

Son Excellence le Ministre, par sa dépêche (1) *du 20 octobre 1854*, voulut bien m'informer qu'il avait transmis ma demande à Son Excellence Monsieur le Gouverneur Général , et *qu'il avait donné en même temps des ordres pour que cette affaire fût instruite avec toute la diligence possible.*

Mais, ne recevant pas de réponse ultérieure, malgré mes démarches et mes lettres de rappel, j'écrivis une nouvelle requête à Son Excellence Monsieur le Ministre de la guerre, en date du 18 septembre 1855, par laquelle je le suppliais de m'accorder une concession, indispensable au succès de mon usine, à laquelle j'avais consacré des capitaux considérables — J'ajoutais que *j'étais prêt à remplir toutes les conditions qu'on voudrait m'imposer comme concessionnaire*, et, de plus, que si ma demande de cinq cents hectares paraissait trop élevée, je m'empressais de la réduire à deux cents.

Je faisais remarquer que je n'avais que *sept hectares* pour un vaste moulin à farine, à l'anglaise, de quatre étages, à quatre tournants; que sur un si petit espace il m'était impossible de nourrir les bêtes de somme nécessaires

---

(1) *N° 1030. 2e Bureau. Direction des affaires de l'Algérie.*

aux transports exigés par le moulin ; et que, d'un autre côté, le son provenant de la mouture du blé ne pouvait être utilisé qu'au moyen de l'élève du bétail, pour lequel une certaine étendue de terrain est indispensable. — Je faisais observer que *j'avais fait construire, entièrement à mes frais, une route* qui, partant des Eulmas, petit village sur la route de Constantine à Aumale, va aboutir à mon moulin en passant par la vallée Oued-Déhèb, et que la création de cette route m'avait occasionné de grands frais. Je mentionnnais également *un débours de trois mille francs* que j'avais été contraint de donner comme indemnité aux indigènes propriétaires de trois petits moulins arabes, déplacés par mon usine, mais replacés immédiatement à peu de distance, déplacement qui n'avait cependant pas dû leur coûter plus d'une centaine de francs à chacun.

En réponse, Son Excellence Monsieur le Ministre de la guerre, par dépêche (1) du 30 septembre 1855, m'informa qu'il avait transmis ma demande à Monsieur le Gouverneur Général, et donné *des instructions très-pressantes* à ce haut fonctionnaire, *afin qu'il assurât le plus promptement possible à* ma demande de concession à l'Oued-Déhèb la solution qu'elle comportait.

Mais, de nouveau, ne recevant pas d'autre réponse, et ayant appris, en novembre 1855, que l'Administration avait le projet de renoncer aux concessions, et de vendre comptant les terrains domaniaux, j'écrivis à Son Excellence Monsieur le Ministre de la guerre, *que je faisais l'offre d'acheter comptant les deux cents hectares que je sollicitais dans la vallée Oued-Déhèb, moyennant une somme de dix mille francs, c'est-à-dire à raison de cinquante francs l'hectare.*

En réponse, et par dépêche (2) du 23 novembre 1855, Monsieur le Ministre de la guerre m'informa qu'il avait transmis ma demande à Monsieur le Gouverneur Général de l'Algérie, *en l'appuyant et en rappelant les dépenses considérables que j'avais faites sur ce point de la province.*

Puis, en décembre 1855, l'Administration me fit informer que l'azel Oued-

(1) *N° 790. 2ᵉ Bureau. 5ᵉ Direction. Affaires de l'Algérie.*

(2) *N° 1098. 2ᵉ Bureau. 5ᵉ Direction. Affaires de l'Algérie.*

Déhèd étant l'objet de plusieurs autres propositions dans le genre de la mienne, le Gouvernement avait l'intention de faire vendre aux enchères, par les soins du service du Domaine, les terres de cet azel en un certain nombre de lots (1).

Toutefois, l'adjudication n'ayant pas lieu, et après de nouvelles et nombreuses démarches, faites soit à Paris, soit en Algérie, j'écrivis, le 8 septembre 1857, à Son Excellence Monsieur le Ministre de la Guerre, pour énoncer l'état fàcheux où je me trouvais avec une usine aussi importante et *sept hectares* seulement de terrain, situation éminemment défavorable avec une grande exploitation sur les bras, *et dans l'impossibilité d'acheter la moindre parcelle de terrain, à aucun prix, et d'aucun côté dans les environs de mon usine!*

En prenant la liberté de rappeler à Son Excellence les capitaux employés par moi pour une entreprise utile à l'Algérie, *dans une localité éloignée des centres de population européenne et dans une vallée où il n'existe aucun établissement français, excepté le mien;* en mentionnant également les peines que j'ai prises, la perte d'un temps considérable, et de nombreux voyages en Afrique, sans résultat, je suppliai Son Excellence de m'accorder au moins une concession d'une centaine d'hectares dans la vallée Oued-Déhèb, ou la faculté de les acheter de gré à gré.

Je sollicitais en même temps la concession d'une chute d'eau, située au Bordj turc, dans la vallée Oued-Déhèb et non loin de mon usine, afin d'y construire un autre moulin. Je faisais remarquer à Son Excellence que, me trouvant dans la province de Constantine au mois de décembre 1856, l'Administration locale voulut bien approuver les demandes, que je fis sur place, de la concession de cette nouvelle chute, ainsi que celle de cent hectares ou l'achat de gré à gré de ce terrain. Les Autorités locales, reconnaissant combien ma demande était légitime en considération de tout ce que j'avais déjà fait, me promirent d'appuyer des démarches faites suivant leur direction et avec leur obligeant concours. — Je priais Son Excellence de considérer que mon moulin déjà établi avait rendu, en 1856, des services à

(1) N° 1221. 2° *Bureau. Direction des affaires de l'Algérie.*

l'Administration, en lui fournissant des farines dans un moment critique, pendant une forte sécheresse. Enfin, j'appelais l'attention de Son Excellence sur ce que j'étais fort mal placé avec un grand établissement industriel, *et seulement sept hectares, dont la moitié de gravier*, sans pouvoir tirer aucun parti du son obtenu par le moulin, ni entretenir un nombre suffisant de bêtes de sommes, faute de terrain.

En réponse à cette lettre, et par dépêche (1) du 16 septembre 1857, Son Excellence le Ministre de la Guerre m'informa qu'il allait faire examiner ma demande d'une nouvelle concession de chute d'eau.

Cet état de choses me causant un immense préjudice, après les dépenses considérables faites pour l'établissement de l'usine avec ses dépendances, et ne pouvant ni obtenir plus de sept hectares , *ni même acheter la moindre parcelle de terrain*, j'ai dû, pour placer mes bestiaux, louer une grande ferme à Aïn-Sfia, à quarante kilomètres de mon usine ; puis une seconde, au Hammam, à soixante kilomètres, éloignement qui est évidemment fort désavantageux.

Après avoir dépensé des sommes considérables en Algérie, et espérant que le Gouvernement ferait pour une Société ce qu'il ne faisait pas pour un simple particulier, je constituai, vers la fin de l'année 1857 , la *Société Anonyme des Moulins de Mons-Djémila*, au capital de cinq cent mille francs. Cette Société, qui fut autorisée par arrêté du Conseil d'État de Genève, en date du 8 janvier 1858, et dont je suis le Président, est devenue propriétaire de la grande usine de Mons et de ses dépendances.

L'Administration franco-genevoise de cette Société est composée des hommes les plus honorables :

M. le colonel Trembley, ancien chef des milices de l'État de Genève et ancien colonel de la Confédération suisse ;

M. Mac-Culloch, propriétaire en France et à Genève, qui possède d'im-

(1) N° *888. 2ᵉ Bureau. 5ᵉ Direction. Affaires de l'Algérie.*

portants établissements industriels dans les départements du Rhône et de l'Allier;

M. Théodore NECKER (le petit-neveu du ministre des finances de ce nom) ;

M. Daniel DUNANT, propriétaire dans le département de l'Ain et à Genève.

Par l'intermédiaire, et avec l'appui de Monsieur le Sénateur VAÏSSE, la Société renouvela, en janvier 1858, la demande en concession, formulée par moi auprès du Ministère, le 4 novembre 1857, des terres domaniales de l'azel Oued-Déhèb, à la tête duquel se trouve placée l'usine de Mons.

Le Conseil d'Administration, en informant Son Excellence Monsieur le Maréchal Gouverneur de l'Algérie de la démarche qu'il venait de faire, recommanda sa demande à sa haute bienveillance par ses lettres du 22 janvier et du 12 mars 1858.

Les terres demandées étaient, à cette époque, louées pour trois ans, à partir du 1er octobre 1857, au Caïd Chadeli ; mais, dans le marché que l'État a passé avec ce Caïd, l'Administration s'est réservé le droit de pouvoir résilier ce contrat, sans indemnité, chaque année après les récoltes.

La Société désirait créer sur cet azel un établissement industriel et agricole important, qui aurait pu être d'une utilité réelle à la province de Constantine.

M. le Sénateur VAÏSSE, chargé de l'Administration du département du Rhône, qui connaissait les intentions sérieuses des membres de notre Société et la position relevée de ses actionnaires, la recommanda particulièrement au Ministre de la Guerre et au Gouverneur Général de l'Algérie, en leur transmettant nos statuts et notre demande de concession des terres de l'azel Oued-Déhèb.

M. le Général de CHABAUD-LA-TOUR écrivit aussi en notre faveur au Maréchal Gouverneur, à Alger, ainsi qu'au Général GASTU, commandant la province de Constantine.

Le Ministère ne répondit pas.

Le Gouvernement, à Alger, ne donna aucune solution.

Dans ces circonstances, et après de nombreuses démarches faites tant à Paris qu'en Algérie, la Société, ne pouvant plus rester dans cette incertitude, offrit au Ministère, par sa requête du 2 septembre 1858, *d'acquérir l'azel Oued-Déhèb entier, de gré à gré, au prix de cinquante francs l'hectare.*

En réponse et par dépêche de Son Altesse Impériale Monseigneur le Prince chargé du Ministère de l'Algérie, en date du 15 septembre 1858 (1), je fus informé que ma demande, formulée en 1856, à l'effet d'être autorisé à faire usage d'une chute d'eau, au Bordj turc, dans la vallée Oued-Déhèb, avait été transmise le 30 septembre 1857 à Monsieur le Général commandant la division de Constantine, pour être examinée suivant les règles ordinaires, et que, par dépêche de ce jour, cette affaire était rappelée à l'Administration locale.

Puis je reçus, le 27 septembre 1858 (2), une seconde dépêche de Son Altesse Impériale, ainsi conçue :

« *Monsieur, vous m'avez rappelé, il y a quelques jours, une demande* « *que vous aviez adressée à Monsieur le Ministre de la guerre, à l'effet* « *d'acquérir de gré à gré, au prix de cinquante francs l'hectare, l'azel* « *Oued-Déhèb.*

« *Monsieur le Gouverneur Général, à qui cette demande avait été com-* « *muniquée, vient de me soumettre des propositions relatives au lo-* « *tissement de cet azel. Elles consistent à créer, sur le cours supérieur de* « *l'Oued, deux usines auxquelles on réunirait par voie de concession, à la* « *première, un lot de terres de 83 hectares 52 ares, et à la seconde, un* « *autre lot de 101 hectares 97 ares. Le surplus de l'azel, soit 1368 hec-* « *tares, doit être affecté à la création d'un centre de population de 40 feux* « *avec annexe de quelques fermes.*

« *J'ai approuvé ces propositions qui ne me permettent pas de donner* « *suite à votre demande. Mais, comme vous êtes en instance pour la pre-* « *mière de ces chutes d'eau, je me réserve de vous accorder la concession*

(1) N° 67. 3ᵉ Bureau. *Direction de l'Algérie.*
(2) N° 425. 2ᵉ Bureau. *Direction des affaires civiles de l'Algérie.*

« *des 83 hectares 62 ares ci-dessus, aussitôt qu'un décret impérial sera*
« *intervenu sur la question d'établissement de l'usine. Je viens d'écrire à*
« *Monsieur le Général commandant la division de Constantine, pour*
« *l'inviter à hâter l'instruction de cette affaire.* »

Le Conseil d'Administration de la Société de Mons-Djémila, voyant que le Gouvernement finissait par lui refuser la concession de la vallée Oued-Déhèb, ajouta à sa demande de la chute d'eau n° 1, faite par moi déjà en 1856, celle de la chute n° 2, à laquelle était afférent un lot de terrain de 101 hectares 97 ares, dans le but d'y établir un lavage de laines, et peut-être une fabrique d'amidon.

Il faut remarquer ici que *le terrain mentionné ci-dessus,* sur lequel se trouve la chute n° 2 et le lot de 101 hectares 97 ares, *a été constamment sollicité, par la Société et par moi, depuis 1854.*

La première requête, en date du 7 octobre 1858, *n'ayant pas obtenu de réponse,* les membres du Conseil d'Administration en adressèrent une *seconde au Ministère,* en date du 19 novembre 1858. Cette demande était également signée par deux actionnaires :

M. le Comte DE BUDÉ DE FERNEY, ancien membre du Conseil Général de l'Ain ;

M. H. DE LA HARPE, de Bordeaux, beau-frère de M. le Préfet de la Seine.

La Société avait en outre l'avantage de pouvoir s'autoriser des recommandations spéciales de :

M. le Sénateur HAUSSMANN, Préfet de la Seine ;

M. le Sénateur VAÏSSE, chargé de l'Administration du département du Rhône ;

M. le Général de division du Génie DE CHABAUD-LA-TOUR ;

M. le Général DE BEAUFORT D'HAUTPOUL.

En réponse, et par dépêche de Son Altesse Impériale, du 30 novembre 1858 (1), le Ministère de l'Algérie m'informa que le lot de 83 hectares 52 arcs, afférent à la chute n° 1, sollicitée par moi en 1856, me serait concédé aussitôt qu'un décret impérial serait intervenu sur la question de l'établissement de l'usine.

Il ajoutait : « *Par suite des dispositions du Décret d'organisation du* « *27 octobre, les concessions de chutes d'eau en territoire militaire sont* « *accordées par les Généraux commandant les Divisions. C'est donc à* « *Monsieur le Général commandant la division de Constantine que vous* « *devez vous adresser pour hâter la conclusion de cette affaire. Je vais,* « *au surplus, la lui rappeler, en l'invitant à me mettre à même de statuer* « *le plus promptement possible sur la demande de concession de terres* « *qui s'y rattache.*

« *En ce qui concerne la concession de la deuxième chute d'eau et des* « *101 hectares 97 arcs en dépendant, qui a été formée auprès de mon* « *Administration, en octobre dernier, par la Compagnie des Moulins de* « *Mons-Djémila, dont vous faites partie, il est bon que vous sachiez qu'il* « *existe plusieurs demandes concurrentes sur le choix desquelles Monsieur* « *le Général Gastu aura à se prononcer. Vous pouvez lui rappeler celle* « *de la Compagnie. Ce n'est que lorsqu'un arrêté pris par cet officier* « *général aura attribué la chute d'eau à l'un des demandeurs, qu'il y aura* « *lieu de se prononcer sur la question de concession ou de vente des terres* « *limitrophes.*

« *Je transmets à Monsieur le Général commandant la division de Cons-* « *tantine votre réclamation du 16 de ce mois.* »

M. le Général Gastu, commandant la division de Constantine, ayant bien voulu faire connaître qu'il était favorable à notre Société, je partis pour l'Algérie au mois de janvier 1859 pour profiter de ces bonnes dispositions.

(1) *N° 685. 3ᵉ Bureau Direction des affaires civiles de l'Algérie.*

Monsieur le Général commandant la division de Constantine m'informa que ma demande, formulée en 1856, pour la concession de la chute d'eau n° 1, avec le terrain qui y est attaché, se trouvait, malgré toutes les démarches que j'avais faites, encore à l'instruction, c'est-à-dire depuis plus de deux ans.

Quant à la seconde chute, il en avait référé à Son Altesse Impériale Monseigneur le Prince chargé du Ministère de l'Algérie; mais il voulut bien m'adresser verbalement ces paroles textuelles :

« *Pour ma part, Monsieur Dunant, je désirerais que votre Société* « *obtînt les deux chutes, avec le terrain qui y est attaché.* »

Malgré la bienveillance personnelle du Général Gastu, je ne pus obtenir aucune solution.

Sur ces entrefaites, en mars 1859, l'Assemblée Générale de la Société des Moulins de Mons-Djémila, ne pouvant douter d'une réponse finalement favorable, décréta l'augmentation du fonds capital, qui fut élevé par elle de cinq cent mille francs à un *million.*

Les membres du Conseil d'administration, auquel s'adjoignirent Son Excellence Monsieur G.-H. DUFOUR, Général en chef de la Confédération Suisse, M. le Comte de BUDÉ et M. H. DE LA HARPE, intéressés dans la Société, crurent devoir adresser une nouvelle requête, en date du 16 avril 1859, à Son Excellence Monsieur le Comte DE CHASSELOUP-LAUBAT, Ministre de l'Algérie.

Et c'est à cette demande, dont voici la teneur, qu'il n'est pas encore parvenu de réponse au Conseil d'administration :

A Son Excellence Monsieur le Comte de Chasseloup-Laubat,
Ministre de l'Algérie et des Colonies.

« *Genève, le 16 Avril 1859.*

« *Monsieur le Ministre,*

« *Nous avons l'honneur de nous adresser à Votre Excellence au nom de* « *la Société des Moulins de Mons-Djémila, dont nous sommes action-*

« naires, afin de recommander à la haute bienveillance de Votre Excel-
« lence une Société qui a déjà rendu des services réels à une partie de la
« province de Constantine par ses entreprises en minoterie, à Mons, à
« l'entrée de l'azel Oued-Déhèb, par la création d'un tronçon de route,
« et par les capitaux qu'elle a apportés dans le pays. Nous avons égale-
« ment l'honneur d'informer Votre Excellence que, conformément aux
« instructions de la dépêche de Son Altesse Impériale le Prince chargé
« précédemment du Ministère de l'Algérie, dépêche en date du 30 no-
« vembre 1858 (n° 685, 3ᵐᵉ bureau de la Direction des affaires civiles de
« l'Algérie), le Conseil d'Administration de notre Société a rappelé à
« Monsieur le Général Gastu, commandant la division de Constantine, la
« demande que nous avons faite pour l'obtention de la chute n° 2 de l'azel
« Oued-Déhèb, à laquelle est afférent un lot de terres de 101 hectares
« 97 ares. Son Altesse Impériale avait daigné nous annoncer qu'en suite
« des dispositions du décret d'organisation du 27 octobre dernier, les
« concessions de chutes d'eau en territoire militaire étaient accordées par
« les Généraux commandant les Divisions.

« De son côté, Monsieur le Général Gastu a bien voulu informer
« M. Henry Dunant, Président de notre Conseil d'Administration, lors
« d'un récent voyage de M. Dunant en Algérie, qu'il désirait personnelle-
« ment que cette chute d'eau fût accordée à notre Société, mais qu'il avait
« cru devoir en référer de nouveau à Son Altesse Impériale.

« En présence de la haute bienveillance témoignée à notre Société par
« Son Altesse Impériale, et précédemment par Son Excellence Monsieur
« le Ministre de la guerre, ainsi que des assurances de M. le Général com-
« mandant la division de Constantine, l'Assemblée Générale du 25 mars
« dernier, vient, sur la proposition de son Conseil d'Administration, de
« décider une augmentation du capital de cinq cent mille francs, et de
« porter ainsi le fonds social à un million.

« Nous espérons que Votre Excellence daignera apprécier cette mesure
« et qu'elle voudra bien accueillir favorablement la demande de la conces-
« sion de la chute n° 2 de l'azel Oued-Déhèb, que la Société des Moulins
« de Mons-Djémila a l'honneur de formuler de nouveau auprès de Votre
« Excellence, surtout lorsqu'elle connaîtra qu'avec un capital d'un million

« *notre Société n'a pourtant encore que sept hectares de terrain qui ont été*
« *accordés par l'Administration locale, il y a déjà plusieurs années, et*
« *qu'elle offre d'acheter, de gré à gré, du Gouvernement, les 101 hectares*
« *97 ares qui sont afférents à la chute qu'elle sollicite.*

« *Daignez agréer..... »*

Ainsi que je l'ai dit plus haut, la Société ne reçut aucune réponse à cette requête apostillée tout spécialement par Son Excellence le Général Dufour, qui la recommandait particulièrement à l'intérêt de Son Excellence Monsieur le Ministre de l'Algérie et des Colonies; mais elle apprit par le gérant de ses affaires en Algérie que le commandant du Génie avait été chargé d'instruire les demandes relatives aux chutes d'eau, nᵒˢ 1 et 2, de l'azel Oued-Déhèb, et de fixer les conditions auxquelles elles seraient concédées.

C'est de cette manière que la Société eut le chagrin d'apprendre : 1° qu'en concédant à notre Société la chute n° 1, on lui interdirait l'usage de l'eau pour l'irrigation des prairies; 2° que la chute n° 2 paraissait devoir être concédée à un M. Ronsset, dont la demande au Ministère de l'Algérie pour cette chute ne date que du *18 octobre 1858 ;* qu'enfin l'instruction relative à cette dernière chute avait marché de pair avec celle de la chute n° 1, concernant M. Dunant, quoique la demande de celui-ci fût *de deux ans antérieure,* et même que M. Ronsset paraissait avoir obtenu une permission provisoire de construire à ses périls et risques.

Tel est le résumé des faits dont je puis garantir l'exactitude.

Septembre 1859.

J. Henry Dunant.

L'exposé qui précède était nécessaire pour faire comprendre quelle surprise pénible la Société des Moulins de Mons-Djémila a dû éprouver, en voyant toutes ses démarches de plusieurs années aboutir à un résultat aussi décourageant, après les assurances bienveillantes qui lui avaient été données.

Le refus de la chute n° 2 et sa concession à M. Ronsset nous causeraient un immense préjudice, non par la privation de la chute elle-même, mais surtout par les difficultés de tous genres que le voisinage d'une autre usine située sur le même cours d'eau, et aussi rapprochée, ne manquerait pas de nous occasionner ; et parce que nous savons, par notre expérience, qu'il est impossible que trois moulins puissent subsister simultanément et concurremment sans se faire un tort considérable les uns aux autres, dans cette petite vallée éloignée des centres de population et des voies de communication.

Le refus de la faculté d'irrigation rendrait les terres impropres à la culture, et leur enlèverait presque toute leur valeur ; il n'aurait lieu d'ailleurs qu'en vue de favoriser le concessionnaire de la chute n° 2, et n'aurait plus de motif d'exister si notre Société obtenait les deux chutes qu'elle demande : les eaux du cours de l'Oued-Déhèb pourraient alors être utilisées par elle, dans l'intérêt bien entendu de l'agriculture et de l'industrie, sans donner lieu à aucun conflit.

RÉSUMÉ

La Société anonyme des Moulins de Mons-Djémila ne possède en Algérie que les *sept hectares soixante et dix ares* de terrain à Mons, province de Constantine, qui ont été concédés en 1854 à M. Henry Dunant, son fondateur et son président. — C'est sur ce terrain si restreint qu'a été construite la grande usine de Mons, à l'anglaise, à quatre étages et quatre tournants, avec ses vastes dépendances.

Dès l'année 1854, M. Henry Dunant, en son nom, et plus tard au nom de la Société, a été en instances auprès du Gouvernement pour obtenir une augmentation de terrain nécessaire au développement de l'entreprise.

Il a demandé la concession de 500 hectares de terres domaniales dans la vallée Oued-Déhèb.

Il réduisit postérieurement sa demande à 200 hectares, dans l'espoir d'en rendre la concession plus facile.

Il a offert de payer ce terrain cinquante francs l'hectare.

Ces requêtes et ces offres n'ont amené aucun résultat.

Il a demandé successivement la concession de deux chutes d'eau sur le cours de l'Oued-Déhèb en aval de son usine, et qui se trouvent sur le terrain mentionné plus haut. Ces deux chutes, désignées par les n°' 1 et 2, sont accompagnées d'un lot de terrain de 83 hectares pour la première, et de 101 hectares pour la seconde.

Ces demandes sont également restées jusqu'à ce jour sans résultat définitif.

Cependant M. Henry Dunant a fait auprès des autorités compétentes les démarches les plus actives, depuis cinq années, soit à Paris, soit en Algérie.

La Société des Moulins de Mons-Djémila a été formée avec un capital de cinq cent mille francs, entièrement versé.

Elle a porté ce capital à un million par décision de l'Assemblée générale du 25 mars 1859.

Elle est composée de capitalistes honorables, qui veulent lui donner une impulsion solide et sérieuse.

Elle porte en Algérie ses capitaux et son industrie, et elle demande seulement en retour qu'on lui concède deux chutes d'eau qui sont indispensables à son juste développement, et qu'on accède à son offre d'achat de gré à gré, des terrains de l'azel Oued-Déhèb qui sont en dehors du village projeté par l'Administration.

Elle réunit toutes les conditions que le Gouvernement peut désirer pour avancer la colonisation du pays.

Les demandes qu'elle a formées, et qui sont restées sans résultat, n'étaient nullement disproportionnées aux capitaux qu'elle apportait en Afrique et aux garanties qu'elle offrait.

Les refus qu'elle a éprouvés ne sont donc pas justifiés et ne peuvent être attribués qu'à des erreurs qu'entraînent les rouages compliqués d'une vaste administration.

DEMANDE

La Société des Moulins de Mons-Djémila, pleine de confiance dans les lumières et la justice du Gouvernement, et espérant que la position qu'elle s'est acquise dans la province de Constantine lui méritera sa bienveillance, reproduit aujourd'hui, en les réduisant à ce qui lui est strictement, mais *absolument nécessaire*, les diverses demandes formulées par M . Henry Dunant, savoir :

1° L'autorisation de faire usage des *deux chutes d'eau* de l'azel Oued-Déhèb, désignées par les nᵒˢ 1 et 2, et la concession des deux lots de terrain qui y sont attachés, savoir : 83 hectares 52 ares à la chute n° 1, et 101 hectares 45 ares 50 centiares à la chute n° 2. — Ces lots sont figurés sur le plan d'ensemble de l'azel Oued-Déhèb , ci-annexé. — *La Société offre de payer ce terrain* à raison de cinquante francs l'hectare.

La Société établirait sur l'une de ces chutes un nouveau moulin à blé, et, sur l'autre, un lavage de laines, une fabrique d'amidon, ou quelque autre industrie appropriée aux besoins du pays.

2° La faculté *d'acheter de gré à gré et comptant*, à raison de cinquante francs l'hectare, le terrain des fermes indiquées sur ledit plan par les nᵒˢ 1, 2 et 3, et dont la contenance est ainsi désignée :

Pour la ferme	N° 1 :	53	hectares	49	ares	50	centiares.
»	»	N° 2 :	49	»	33	»	25	»
»	»	N° 3 :	48	»	05	»	90	»
Ensemble :			150	hectares	88	ares	65	centiares.

La Société construirait sur ce terrain les bâtiments de fermes nécessaires à une grande exploitation et y transporterait ses nombreux troupeaux.

Le Conseil d'Administration de la Société des Moulins de Mons-Djémila.

J. Henry Dunant, *Président,*
Th. Mac-Culloch, *Vice-Président.*
Colonel Charles Trembley.
Théodore Necker.
Daniel Dunant.
J.-E. Trembley, *Secrétaire.*

Genève, le 6 Septembre 1859.

SIRE,

Le Conseil d'Administration de la Société des Moulins de Mons-Djémila a l'honneur de présenter à Votre Majesté un Mémorandum relatif aux démarches qui ont été faites par lui depuis plus de cinq ans, afin d'obtenir une concession territoriale en Algérie.

Il vient supplier Votre Majesté de bien vouloir prendre en considération la demande contenue dans le résumé qui termine ce document.

Les Membres du Conseil d'Administration prient Votre Majesté de
bien vouloir agréer l'expression profondément respectueuse des senti-
ments dont ils sont animés.

Ils demeurent,

Sire,

De Votre Majesté,

Les très-humbles et très-obéissants serviteurs,

J. Henry DUNANT.
Th. MAC-CULLOCH.
Colonel Ch. TREMBLEY.
Th. NECKER.
Daniel DUNANT.
Jules-Ed. TREMBLEY.

Les signataires de la présente requête jouissent tous à Genève d'une considération bien établie et méritée ; ils me sont personnellement connus. Je ne
puis donc que joindre mes instances aux leurs.

Général G.-H. DUFOUR.

APPENDICE ET PROTESTATION

Il ressort évidemment de ce Mémoire :

1º Que la Société a toujours été la première en date et qu'elle demande, depuis 1854, le terrain où se trouvent les deux chutes d'eau qu'elle sollicite dans l'azel Oued-Déhèb ;

2º Qu'elle n'a jamais varié dans sa demande, en ce sens qu'elle a constamment sollicité le terrain mentionné, afférent aux deux chutes.

En 1856, l'Administration locale détermina sur ledit terrain l'existence d'une chute sise au Bordj turc, sur l'azel Oued-Déhèb (chute nº 2). Une demande, au sujet de cette chute, fut aussitôt adressée en Algérie aux autorités locales.

Plus tard, l'Administration statua qu'il y aurait une autre chute sur le même azel (nº 1), située à un kilomètre environ de la précédente. — Or, au lieu de donner suite à la demande formulée pour le Bordj turc (nº 2), l'autorité locale transporta et appliqua cette demande à la chute nº 1, qui est beaucoup moins avantageuse.

LA SOCIÉTÉ PROTESTE CONTRE CETTE MANIÈRE D'AGIR.

Du reste, *elle a demandé les deux chutes de l'azel* (nº 1 et nº 2) *dès qu'elle a été informée officiellement de leur existence*. (Voir la dépêche du ministère du 27 septembre 1858.)

ELLE CONTINUE MAINTENANT A SOLLICITER CES DEUX CHUTES AVEC INSTANCES, CAR LEUR OBTENTION EST POUR LA SOCIÉTÉ UNE QUESTION VITALE.

En 1855, Son Excellence Monsieur le maréchal DE MAC-MAHON, alors général commandant la province de Constantine, voulut bien offrir à M. Dunant l'azel Oued-Déhèb tout entier, à condition qu'il y construirait un village de quarante feux. — M. Dunant refusa, ne voulant pas construire de village. — Cependant, s'il eût accepté cette offre, il eût dépensé beaucoup moins de capitaux qu'il l'a fait à Mons, et toutes les terres de l'azel, en dehors des lots affectés aux maisons du village, lui appartiendraient, sinon l'azel entier.

Les faits relatés dans ce mémoire devraient faire comprendre à l'Administration que lorsqu'elle a le bonheur de trouver des gens sérieux ayant des capitaux, et qui suivent une ligne de conduite droite et arrêtée, avec honneur et probité : — qui, en se fixant sur un point complétement isolé de la province, en ont été comme les courageux pionniers ; — et qui ont mis du dévouement dans leurs travaux en sacrifiant des capitaux considérables ; — ces gens sérieux, doivent être encouragés et soutenus.

Pourtant, l'indécision et les lenteurs de l'Administration ont causé un immense préjudice à la Société :

1° Elle a manqué des moyens de transport qui lui étaient nécessaires pour ses farines, ne pouvant pas entretenir un nombre suffisant de bêtes de sommes à Mons, faute de terrain. En outre, le son produit par son exploitation a été complétement perdu ;

2° Elle a dû louer des fermes à de grandes distances , quoique possédant des écuries et des hangars à Mons, pour abriter ses troupeaux, qui sont fort considérables, ne pouvant les garder à Mons même, où elle n'a que sept hectares de gravier ; — elle a donc été forcée de disséminer ses forces et de tripler ses faux frais ;

3° Elle a été obligée de laisser chaumer ses capitaux, qu'elle ne pouvait employer que conformément à ses statuts et qui sont restés forcément improductifs ;

4° Elle a passé plus de cinq années dans un état d'incertitude excessivement pénible, ballotée entre Paris et Alger, et plus tard entre Paris et Constantine, sans pouvoir obtenir de solution.

Cependant elle avait reçu les assurances les plus bienveillantes et les plus formelles du Ministère.

Ce sont les promesses réïtérées du Ministère qui ont engagé la Société à prendre le développement qu'elle a pris ; car elle a compté sur la parole du Gouvernement.

La parole d'un gouvernement doit pourtant être aussi sacrée que celle d'un simple particulier.

Le Gouvernement ne doit-il pas équitablement rémunérer la Société des préjudices qu'elle a éprouvés, et dont il est cause par la non-exécution de ses promesses et les lenteurs qu'il apporte à lui donner une solution.

Maintenant, l'Administration locale, malgré toutes les justes réclamations de la Société, vient, paraît-il, tout récemment de se prononcer en faveur d'un concurrent, M. Ronsset, qui a déjà obtenu la permission de construire, à ses périls et risques, sur la chute n° 2, que notre Société réclame.

Pourquoi ces lenteurs lorsqu'il s'agit de notre Société, et cette précipitation lorsqu'il est question de M. Ronsset ?

NOTRE SOCIÉTÉ PROTESTE CONTRE CETTE DÉCISION, DANS LE CAS OÙ ELLE AURAIT RÉELLEMENT EU LIEU, ET EN APPELLE À SON EXCELLENCE MONSIEUR LE MINISTRE DE L'ALGÉRIE ET DES COLONIES.

La Société ne veut faire du tort à qui que ce soit. Mais ne serait-il pas possible d'accorder à M. Ronsset une autre chute que celle qui nous fait *absolument besoin*; comme, par exemple, de le placer au Hammam, localité peu éloignée de l'azel Oued-Déhèb, ou partout ailleurs?

Dans ce cas, les dépenses déjà faites par M. Ronsset, sur la chute n° 2, et qui sont peu importantes, seraient loyalement et équitablement estimées, et lui seraient immédiatement remboursées par la Société.

NOUS LE RÉPÉTONS, IL EST IMPOSSIBLE QUE TROIS MOULINS PUISSENT SUBSISTER SIMULTANÉMENT ET CONCURREMMENT DANS CETTE LOCALITÉ, ÉLOIGNÉE DES CENTRES DE POPULATION ET DES VOIES DE COMMUNICATION, SANS SE RUINER LES UNS LES AUTRES. — CECI VAUT, CERTES, LA PEINE QU'ON Y FASSE ATTENTION.

Nous pouvons parler d'après l'expérience que nous possédons et avec connaissance de cause : notre moulin est forcé de chômer plusieurs mois dans l'année faute de mouture, et notre bénéfice pendant les mois de travail est peu considérable.

Notre Société est perdue, si on ne lui accorde pas les *deux chutes* sur lesquelles comptent positivement ses actionnaires, qu'un refus découragerait complétement.

Notre Société construirait un moulin à blé sur l'une des chutes (dont le
rapport ne nous sera pas fort lucratif), et sur l'autre chute elle établirait un
lavage de laines.

N'est-il pas infiniment préférable, dans l'intérêt même de l'Algérie , de
laisser une Société respectable et sérieuse, s'étendre sur un même point,
concentrer ses forces et prendre un développement utile à la province, plutôt
que de l'entraver, en plaçant sur sa route un concurrent, qui paralysera son
développement, qui lui suscitera toutes sortes de difficultés, et qui finira par
se ruiner lui-même avec elle.

Le refus de l'une des deux chutes non-seulement produirait un effet
désastreux vis-à-vis des actionnaires découragés, mais encore, en portant à
la Société un coup dont elle ne pourra pas se relever, produira surtout un
effet déplorable, par la vue de sa débâcle même, aux yeux du public français et étranger qui s'intéresse à l'Algérie, et éloignera plus que jamais les
capitalistes d'un pays qui les traite si mal et qui en a pourtant un si grand
besoin.

Que le Gouvernement y prenne garde : ces considérations méritent bien la
peine d'un examen attentif.-— Les diverses Administrations de l'Algérie qui se
sont succédé à Paris depuis quelques années sont solidaires les unes des
autres ; et ce n'est pas en agissant comme on l'a fait envers nous depuis six
ans, que la volonté formelle de l'Empereur sera remplie, car il désire que le
vaste royaume que nous avons en face de Marseille soit assimilé à la France.
(Discours de Bordeaux du 9 octobre 1852.)

Paris, le 22 novembre 1859.

Au nom de la Société des Moulins de Mons-Djémila
et pour le Conseil d'administration,

Le Président,

J.-Henry Dunant.

www.ingramcontent.com/pod-product-compliance
Lightning Source LLC
LaVergne TN
LVHW012151170726
843503LV00009B/4110